Werner Schaube

Spür den Geist

D1723831

Werner Schaube

Spür den Geist

Jugendgebete

Butzon & Bercker

Bibliografische Information Der Deutschen Bibliothek

Die Deutsche Bibliothek verzeichnet diese
Publikation in der Deutschen Nationalbibliografie;
detaillierte bibliografische Daten sind im Internet
über http://dnb.ddb.de abrufbar.

Das Gesamtprogramm
von Butzon & Bercker
finden Sie im Internet
unter www.bube.de

ISBN-13: 978-3-7666-0731-7
ISBN-10: 3-7666-0731-6

© 2006 Verlag Butzon & Bercker, 47623 Kevelaer, Deutschland
Alle Rechte vorbehalten.
Umschlagabbildung: panthermedia.net/michakel
Umschlaggestaltung: Elisabeth von der Heiden, Geldern
Satz: Fotosatz Rosengarten GmbH, Kassel
Druck und Bindung: Bercker Graphischer Betrieb, Kevelaer
Printed in Germany

Inhalt

Spür den Geist

Vorworte

Das Gespräch mit Gott suchen,
es offen und redlich führen
und zum Ausgangspunkt
verantwortlichen Handelns machen,
das kann man „beten" nennen.
Beten erfordert Mut
und lebt aus der Praxis.

___ *Werner Schaube*

Nimm den Alltag ins Gebet,
nimm dein Herz in die Hand
und öffne deinen Mund.

___ *Unbekannter Verfasser*

Herr,
lass mich nicht nur für etwas beten,
lass mich auch dafür arbeiten.

___ *Thomas Morus*

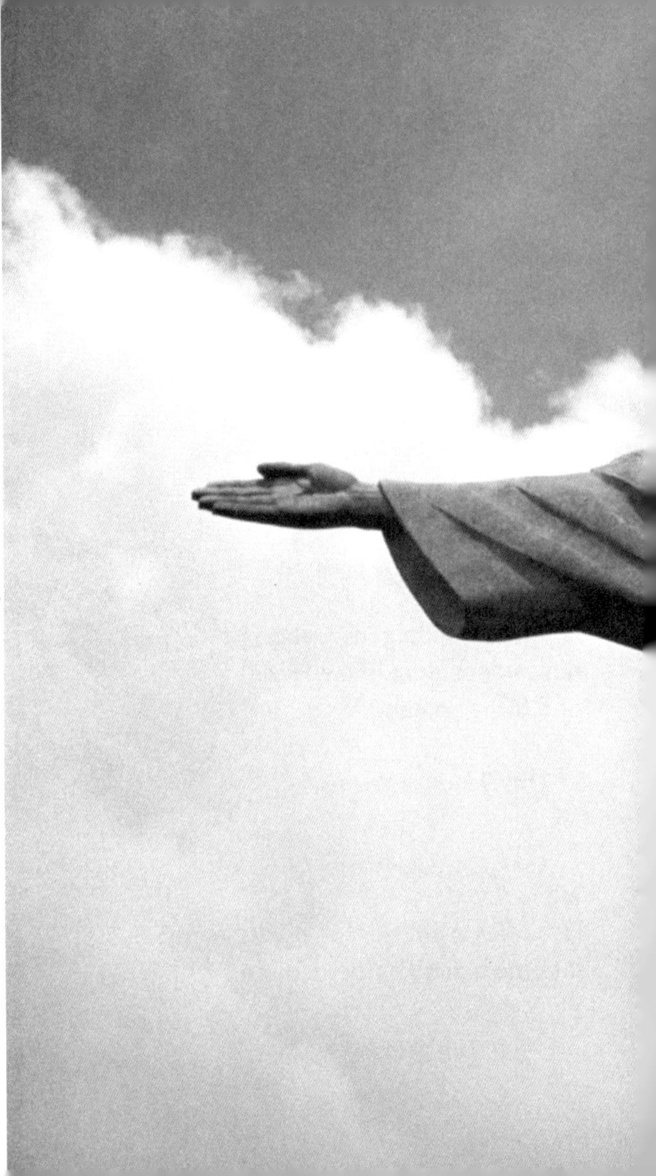

Dein Reich komme

Vaterunser

Vater unser im Himmel,
geheiligt werde dein Name.
Dein Reich komme.
Dein Wille geschehe,
wie im Himmel so auf Erden.
Unser tägliches Brot gib uns heute.
Und vergib uns unsere Schuld,
wie auch wir vergeben unsern Schuldigern.
Und führe uns nicht in Versuchung,
sondern erlöse uns von dem Bösen.
Denn dein ist das Reich
und die Kraft
und die Herrlichkeit
in Ewigkeit.
Amen.

*Das Vaterunser beten lernen heißt für den
Christen, überhaupt beten zu lernen. Dieses
einzigartige Gebet ist der Schlüssel zur Welt Jesu
und zum Herzen des christlichen Glaubens.
Von Jesus beten lernen heißt: wahrhaft leben und
lieben lernen.
In der Heiligen Schrift finden wir das Vaterunser in
einem doppelten Wortlaut: Mt 6, 9–13 und Lk 11, 2–4.*

Als Zusammenfassung der Worte Jesu über das Gebet, als Aufruf zum Gebet und als Gebet selbst (G. Bornkamm) ist das Vaterunser nicht zu überbieten.

Es gibt Verbindungen von Wörtern,
die man nicht vergisst;
wer vergisst das Vaterunser?

___ *Hugo von Hofmannsthal*

Our Father in heaven:
May your holy name be honored;
may your Kingdom come;
may your will be done
on earth as it is in heaven.
Give us today the food we need.
Forgive us the wrongs we have done,
as we forgive the wrongs
that others have done to us.
Do not bring us to hard testing,
but keep us safe
from the Evil One.

Dein Reich komme

For yours is the Kingdom
and the power
and the glory forever.
Amen.

Notre Père qui es aux cieux,
que ton nom soit sanctifié,
que ton règne vienne,
que ta volonté soit faite
sur la terre comme au ciel.
Donne-nous aujourd'hui
notre pain de ce jour.
Pardonne-nous nos offenses,
comme nous pardonnons
aussi à ceux qui nous ont offensés.
Et ne nous soumets pas à la tentation,
mais délivre-nous du mal.
Care c'est à toi qu'appartiennent le règne,
la puissance et la glorie pour
les sièles des sièles.
Amen.

Vater unser im Himmel,
du hilfst uns,
wenn wir Hilfe brauchen.
Lass uns hilfsbereit sein,
wenn Menschen hilflos sind.
Amen.

Dein Reich komme ...
Keine Alltagsbitte, ein Anliegen.
Was wollen wir,
wenn wir beten und bitten,
deine Herrschaft möge anbrechen?

Heute und jetzt
möge dein Reich kommen:
Gerechtigkeit soll sein –
jeder Mensch soll sein Recht haben
und jedem Menschen Recht gewähren.
Liebe soll sein –
jeder Mensch soll in deiner Liebe sein
und den Nächsten lieben wie sich selbst.

Dein Wille geschehe ...
Keine Alltagsbitte, ein Problem.
Eine Entscheidungsfrage,
und sie täglich neu stellen.

Wenn wir so beten und bitten,
uns einen Reim darauf machen,
nicht so tun als ob,
sondern in diesem Geist leben
und daran allzeit festhalten.

Um das Wagnis dieses Satzes wissen,
ob Wohl oder Wehe: Dein Wille geschehe?

Auch Jesus hat es gesagt und es gelebt:
Dein Wille geschehe.

Im Himmel, auf Erden ...
Gott ist für uns aus allen Wolken gefallen:
auf unsere Erde, in unsere Welt.
Nun bist du da, Gott – für uns.

Wortmeldungen zum Vaterunser

Wir wollen zu Gott beten,
der diese Welt will, der uns leben lässt.
Es gibt so viele Fragen,
wir wissen keine Antwort.
Lasst uns die Antworten leben
durch Vertrauen und Verzeihen,
im Miteinander von Mensch zu Mensch.

Wir wollen zu Gott beten,
der sich um uns Menschen kümmert.
Er vergisst uns nicht,
auf ihn können wir uns verlassen,
überall können wir das erfahren, täglich neu.
Wir wollen zu Gott beten,
dessen Freundlichkeit keine Grenzen kennt.
Er hält die Welt in seinen Händen
und nimmt jeden Menschen an die Hand.
Wir sind und bleiben Kinder Gottes.
Wir wollen zu Gott beten mit Worten,
die von Mund zu Mund gingen:
Vater unser,
der du bist im Himmel und auf Erden,
bei uns und mit uns, jetzt und immer.
Amen.

Dein Reich komme

Den Tag umarmen

Morgengebete

Morgensegen

Herr,
schau herab auf uns und leite uns.
Lass leuchten über uns dein Antlitz.
Lass unserer Hände Werk gelingen;
ja, lass gelingen, was wir tun.
Lass mich aufstehen
mit deinem Segen
und unter deinem Schutz
meinen Weg gehen.
Christus,
durch mich zeige den Menschen,
was deine Kraft und Güte vermag.
Bleibe mir zur Seite, stehe mir bei.

___ *Walther von der Vogelweide*

Dies ist der Tag,

den der Herr gemacht hat;
wir wollen jubeln
und uns an ihm freuen.

___ *Psalm 118,24*

Wie das Sonnenlicht am Morgen

Lass du nur den Vater sorgen,
trau auf ihn, verzage nicht.
Wie das Sonnenlicht am Morgen
oft durch trübe Wolken bricht:
so, und nicht von ungefähr,
kommt von Gott die Hilfe her.

___ *Aus dem 18. Jahrhundert*

Ein neuer Tag

Vor mir ein neuer Tag,
Anruf zum Leben:
„Sei heute gut zu dir selbst,
zu allen, die dir begegnen;
sei vorsichtig, nimm Rücksicht,
gib der Freude eine Chance
und lass Hoffnung wachsen;
sei dankbar – Gott und den Menschen!"
Ein neuer Tag – wir leben, Herr.

Den Tag umarmen

Wie ein Stück vom Kuchen des Lebens:
die Morgensonne und die Tasse Kaffee,
Kinder auf dem Schulweg
und der Postbote mit ahnungsvollem Lächeln.
In der Zeitung war zu lesen,
was gestern in der Welt passierte,
und auf der letzten Seite die Todesanzeigen.
Ein Blick aus dem Fenster,
so als wolltest du den Tag umarmen.

**Unerhörtes Gebet
vor einem Frühstücksei ...**

Was wird heute passieren?
Diesem und jenem
die Tageszeit sagen.
Sich von niemandem
zur Minna machen lassen.
Kein Blatt vor den Mund nehmen.
Klappe halten, kusch sein:
Es ist besser so, vielleicht.
Aber wem soll ich dann sagen,
was Sache ist, Herrgott!

Jeder Tag

Jeder Tag, Herr, ist ein Geschenk,
das Selbstverständlichste von der Welt –
und doch unendlich wertvoll.
Jeder Tag, Herr, ist ein Abenteuer,
gewagtes Leben,
Vertrauen in deine Schöpfung.
Jeder Tag, Herr, ist ein Versuch,
redliches Bemühen, damit Menschsein gelingt.

Aufbruchstimmung

Unterwegs am Morgen:
Autoschlangen, Stau,
überfüllte Busse und Züge.
Verschlafene Gesichter
und Regen obendrein.
Aber: ob wolkenlos oder regentrüb,
der Himmel geht über allen auf.
Unterwegs am Morgen:
ein Lächeln im Gesicht
eines unbekannten Menschen.
Kaum angefangen, hat der Tag
sich schon zu leben gelohnt.

Tageswunsch

Ich bitte dich, Herr,
lass diesen Tag gelingen.
Ich will wieder kleine Schritte tun
auf dem großen Weg zu dir.
Ich bitte dich, Herr,
geh mit mir;
heute, morgen, jeden Tag.

Vertrauen auf Gott

Was Gott tut,
das ist wohlgetan,
es bleibt gerecht sein Wille.
Er ist mein Gott,
der in der Not
mich wohl weiß zu erhalten;
drum lass ich ihn nur walten.

__ *Aus dem 17. Jahrhundert*

Tage, Jahre und noch länger

Unbeschreiblich:
der frühe Morgen,
der Tagesbeginn,
die Stunden des Aufbruchs.

Unvergessen:
die frühen Jahre,
die Kindheitsträume,
der Weg ins Leben.

Ungeahnt:
die Ewigkeit,
die Zusage Gottes:
„Du bist nie allein,
ich bin mit dir."

Amen.

Wir teilen Brot und Worte

Tischgebete

Tischsegen

Herr, segne uns und diese deine Gaben,
die wir von deiner Güte nun empfangen werden.
Darum bitten wir durch Christus, unsern Herrn.
Amen.

__ *Tradition*

Aller Augen warten auf dich,

und du gibst ihnen Speise zur rechten Zeit.
Du öffnest deine Hand und sättigst alles, was lebt,
nach deinem Gefallen.

__ *Psalm 145,15f.*

Teilen und danken

Wir setzen uns an einen Tisch,
haben Frieden miteinander.
Wir teilen Brot und Worte
und danken Gott, dem Herrn,
der für uns da ist,
in guten und in schlechten Zeiten.

Wir gehen auseinander,
gestärkt mit Brot und Worten.
Wir wissen uns beschenkt
und danken Gott, dem Herrn,
der für uns da ist,
in guten und in schlechten Zeiten.

Tag für Tag sitzen wir uns gegenüber, sprechen
miteinander, essen und trinken. Nur so können wir
leben. Obwohl wir satt werden, bleibt Hunger
nach Verständnis, Zuneigung und Geborgenheit.
Die Bitte um das tägliche Brot ist der Wunsch
nach mehr Menschsein.

Allmächtiger Gott,
dessen Vorsehung alle Geschöpfe erhält,
segne uns diese Gaben,
die wir jetzt von deiner Vaterhand empfangen,
und lass uns diese Nahrung mäßig,
froh und dankbar genießen.
Amen.

__ *Aus dem 18. Jahrhundert*

Herr, gib uns täglich unser Brot,
segne Speise und Rast.
Sei in Freude und in Not
unser Herr und Gast.
Amen.

__ *Tradition*

Dieses Erdenbrot allein
kann uns nicht genug zum Leben sein:
Dein göttlich Wort die Seele speist,
erklär es uns, Herr, durch deinen Geist.

__ *Aus dem 16. Jahrhundert*

Tu auf, die milden Hände dein
allüberall auf Erden,
dass alle Menschen, Groß und Klein,
durch dich gesättigt werden.
Amen.

__ *Tradition*

Von deiner Gnade leben wir,
und was wir haben, kommt von dir.
Drum sagen wir dir Dank und Preis.
Tritt segnend ein in unsern Kreis.

_ *Tradition*

Vater, wir wissen,
dass viele Menschen hungern müssen.
Uns geht es gut, und wir bitten dich,
lass uns lernen, mit unseren Brüdern zu teilen.
Amen.

Gott, du hast uns viel gegeben,
keinem gabst du alles,
keinem gabst du nichts.
Hilf, dass wir einander geben,
was wir zum Leben brauchen.
Hilf uns teilen und danken.
Amen.

Alles Elend schreit zum Himmel,
aller Wohlstand auch.
Herr, nimm und gib.
Herr, lass uns hungern
nach Frieden und Gerechtigkeit.
Amen.

Herr, die Nähe eines Menschen
ist wie die Gabe des Brotes.
Gib uns täglich Brot und Menschen,
mit denen wir reden, lachen,
weinen und beten können.
Amen.

Guter Gott, manchmal ist alles
viel zu selbstverständlich:
das Essen auf dem Tisch,
das Dach über dem Kopf,
liebe Menschen in unserer Nähe.
Lass uns dankbar sein
und dankbar bleiben.
Amen.

Herr, der Tisch wird größer,
wenn wir hier einen neuen Anfang wagen;
das Brot schmeckt besser,
wenn wir hier den Himmel auf die Erde holen.
Amen.

Ein paar Sonnenstrahlen,
Essen und Trinken auf dem Tisch,
rechts und links sitzen Freunde.
Wir sind zufrieden. Danke.
Amen.

Freude hast du uns geschenkt:
Speise und Trank,
Gemeinschaft, Zuneigung
und Frieden untereinander.
Gib uns ein weites Herz
und eine offene Hand,
damit wir freudig geben
und dankbar teilen.
Amen.

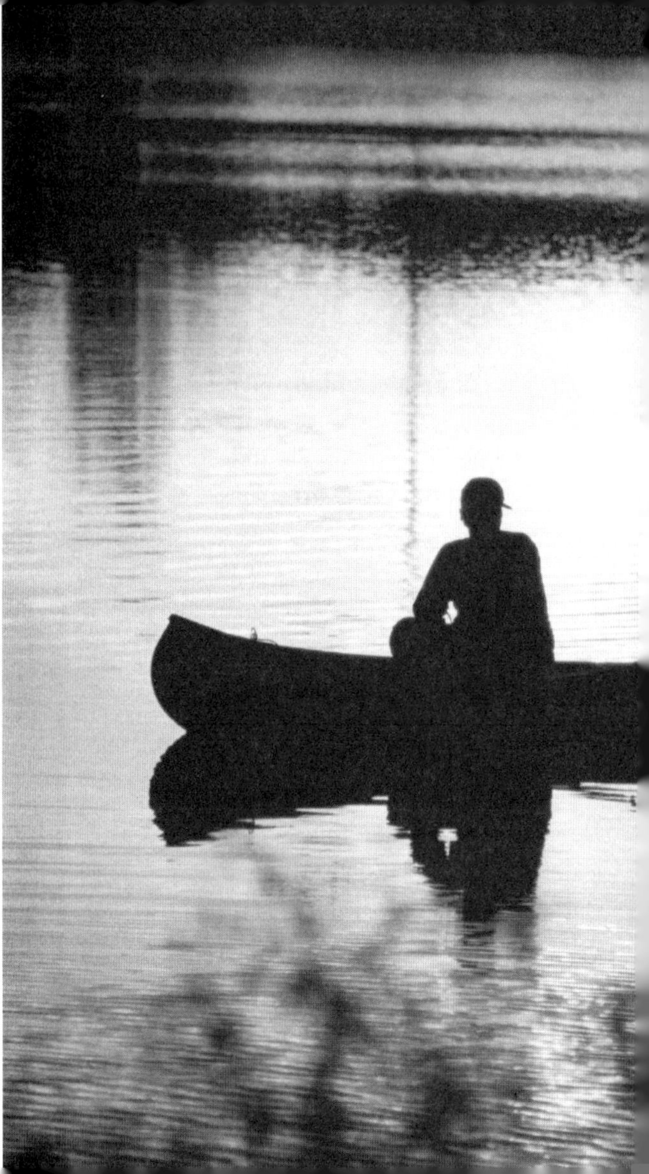

Behüte uns in dieser Nacht

Abendgebete

Abendsegen

Der Herr segne dich und behüte dich.
Der Herr lasse sein Angesicht
über dich leuchten
und sei dir gnädig.
Der Herr wende sein Angesicht
dir zu und schenke dir Heil.

_ *Numeri 6,24–26*

Bleibe bei uns, Herr,

denn es will Abend werden,
und der Tag hat sich geneigt.
Bleibe bei uns
und bei allen Menschen.
Bleibe bei uns
am Abend des Tages,
am Abend des Lebens,
am Abend der Welt.
Bleibe bei uns
und bei all deinen Kindern
in Zeit und Ewigkeit.

_ *Kirchliches Abendgebet*

Bitte am Abend

Bevor des Tages Licht vergeht,
o Herr der Welt, hör dies Gebet.
Behüte uns in dieser Nacht
durch deine große Güt und Macht.
Dank dir, o Vater, reich an Macht,
der über uns voll Güte wacht
und mit dem Sohn und Heiligen Geist
des Lebens Fülle uns verheißt.

__ *Hymnus der Komplet (5. Jh.)*

Vertraute Worte

Von guten Mächten
wunderbar geborgen,
erwarten wir getrost,
was kommen mag.
Gott ist mit uns
am Abend und am Morgen
und ganz gewiss
an jedem neuen Tag.

__ *Dietrich Bonhoeffer*

Ich liege, Herr, in deiner Hut
und schlafe ganz mit Frieden.
Dem, der in deinen Armen ruht,
ist wahre Rast beschieden.

___ *Jochen Klepper*

Herr, schicke was du willst,
ein Liebes oder Leides;
ich bin vergnügt, dass beides
aus deinen Händen quillt.
Wollest mit Freuden
und wollest mit Leiden
mich nicht überschütten!
Doch in der Mitten
liegt holdes Bescheiden.

___ *Eduard Mörike*

23 Uhr 15

Fast Mitternacht.
Zähneputzen und so weiter.
Licht aus. Das war es mal wieder.

Schluss für heute.
Nach dem Weckerstellen
die Weichen stellen:
rückblickend fragen,
ob alles richtig war,
was noch offen bleibt,
wie die Dinge liegen.
Übermüdet einschlafen,
das Morgen dämmern lassen.
Und fast vergessen:
das Danke –
in Gedanken wenigstens.
Alsdann: Gute Nacht, vielen Dank ...

Nachtgedanken

Eingespannt
zwischen Tag und Nacht,
allein mit Gedanken und Fragen,
unruhig vor der Ruhe.
Die verscheuchten Sorgen melden sich,
auch Träume suchen ihren Weg.
Was heißt da:
Erst mal drüber schlafen!
Fragliche Allheilmittel ohne Wirkung.

Was bleibt?
Im Labyrinth der Zeit
den Faden Gottes aufnehmen,
Wege finden über mich hinaus –
dem Ziel entgegen.

Traumhaft

Die Möglichkeit, ein Traum:
anders werden, besser werden.
Es kommt auf mich an,
ganz allein auf mein Wollen.
Morgen ist wieder ein Tag,
der alles möglich macht,
wenn ich nur will.
Das Versprechen gilt:
Möglichkeit wird Wirklichkeit.
Jetzt.
Weil ich es will,
weil du mir hilfst,
guter Gott, gütiger Vater.

In dieser Nacht,
wie in jeder anderen Nacht,
passiert Schreckliches,
marschieren die Grausamkeiten,
tobt der Hass,
lähmt die Verlassenheit.

In dieser Nacht,
wie in jeder anderen Nacht,
verrät die Welt sich selbst,
gibt die Menschheit sich auf,
begeht einer am andern Verrat,
stehen alle am Abgrund.

In dieser Nacht,
wie in jeder anderen Nacht,
schöpfen wir trotzdem Hoffnung,
ein bisschen nur, aber es reicht
für den kommenden Morgen.

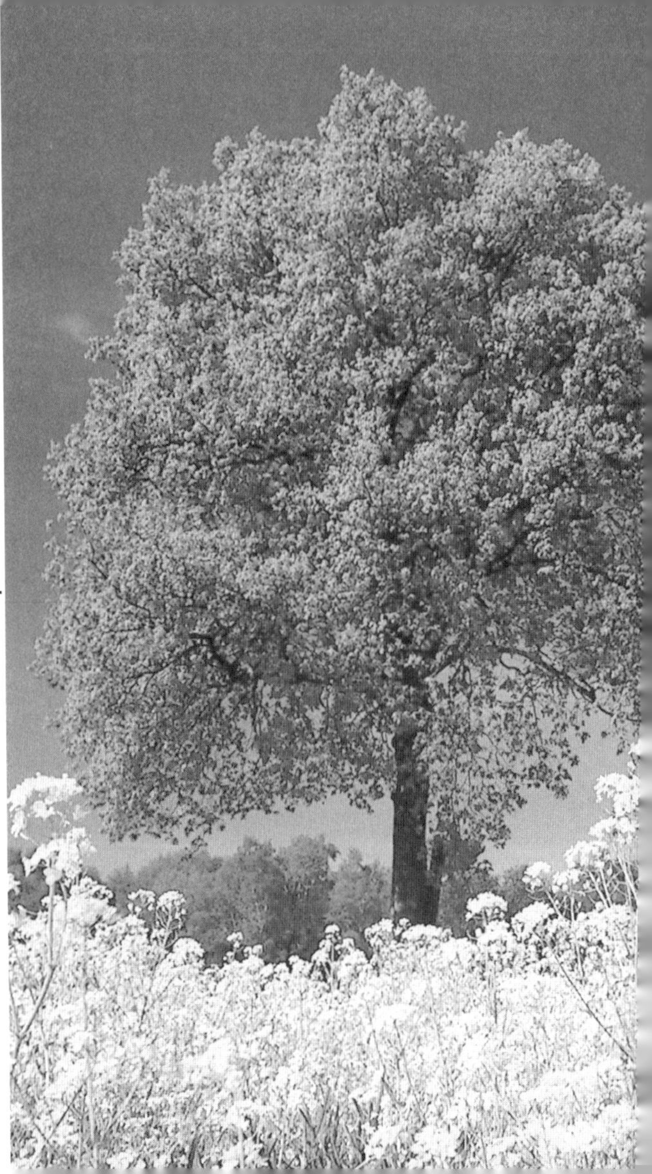

Die Zeit ist immer gut

Durch das Jahr

Frühlingsglaube

Die linden Lüfte sind erwacht,
Sie säuseln und weben Tag und Nacht,
Sie schaffen an allen Enden.
O frischer Duft, o neuer Klang!
Nun, armes Herze, sei nicht bang!
Nun muss sich alles, alles wenden.

Die Welt wird schöner mit jedem Tag,
Man weiß nicht, was noch werden mag,
Das Blühen will nicht enden.
Es blüht das fernste, tiefste Tal:
Nun, armes Herz, vergiss der Qual!
Nun muss sich alles, alles wenden.

__ *Ludwig Uhland*

Sommer-Gesang

Geh aus, mein Herz, und suche Freud
In dieser lieben Sommerszeit
An deines Gottes Gaben:
Schau an der schönen Gärten Zier

Und siehe, wie sie mir und dir
Sich ausgeschmücket haben.

Die Bäume stehen voller Laub
Das Erdreich decket seinen Staub
Mit einem grünen Kleide:
Narcissus und die Tulipan
Die ziehen sich viel schöner an
Als Salomonis Seide.

Die Lerche schwingt sich in die Luft
Das Täublein fleucht aus seiner Kluft
Und macht sich in die Wälder:
Die hochbegabte Nachtigall
Ergötzt und füllt mit ihrem Schall
Berg, Hügel, Tal und Felder.

Der Weizen wächset mit Gewalt,
Darüber jauchzet Jung und Alt
Und rühmt die große Güte
Des, der so überflüssig labt
Und mit so manchem Gut begabt
Das menschliche Gemüte.

Ich selbsten kann und mag nicht ruhn:
Des großen Gottes großes Tun

Erweckt mir alle Sinnen:
Ich singe mit, wenn alles singt,
Und lasse, was dem Höchsten klingt,
Aus meinem Herzen rinnen.

__ *Paul Gerhardt*

Herbsttag

Herr: es ist Zeit. Der Sommer war sehr groß.
Leg deinen Schatten auf die Sonnenuhren,
Und auf den Fluren lass die Winde los.

Befiehl den letzten Früchten voll zu sein;
gib ihnen noch zwei südlichere Tage,
dränge sie zur Vollendung hin und jage
die letzte Süße in den schweren Wein.

Wer jetzt kein Haus hat, baut sich keines mehr.
Wer jetzt allein ist, wird es lange bleiben,
Wird wachen, lesen, lange Briefe schreiben
Und wird in den Alleen hin und her
Unruhig wandern, wenn die Blätter treiben.

__ *Rainer Maria Rilke*

Winternacht

Verschneit liegt rings die ganze Welt,
Ich hab nichts, was mich freuet,
Verlassen steht der Baum im Feld,
Hat längst sein Laub verstreuet.
Der Wind nur geht bei stiller Nacht
Und rüttelt an dem Baume,
Da rührt er seinen Wipfel sacht
Und redet wie im Traume.

Er träumt von künft'ger Frühlingszeit,
Von Grün und Quellenrauschen,
Wo er im neuen Blütenkleid
Zu Gottes Lob wird rauschen.

Joseph von Eichendorff

Der letzte Tag des Jahres

Der letzte Tag des Jahres:
Was war es für ein Jahr?
Weißt du noch, was alles
an Angst und Freude war?

Der letzte Tag des Jahres
ist nur ein kleiner Schritt,
er nimmt dich hoffend, glaubend
in neue Zukunft mit.

Der letzte Tag des Jahres
erstrahlt im Feuerlicht,
bei allem, was du tust in Freude,
vergiss die Menschen nicht.

___ *Volksgut*

Das alte Jahr vergangen ist

Das alte Jahr vergangen ist;
das neue Jahr beginnt.
Wir danken Gott zu dieser Frist:
Wohl uns, dass wir noch sind!
Wir sehn aufs alte Jahr zurück
und haben neuen Mut:
Ein neues Jahr, ein neues Glück!
Die Zeit ist immer gut.

Ja, keine Zeit war jemals schlecht:
in jeder lebte fort

Gefühl für Wahrheit, Ehr' und Recht
und für ein freies Wort.
Hinweg mit allem Weh und Ach!
Hinweg mit allem Leid!
Wir selbst sind Glück und Ungemach,
wir selber sind die Zeit.

Und machen wir uns froh und gut,
ist froh und gut die Zeit
und gibt uns Kraft und frischen Mut
bei jedem neuen Leid.
Und was einmal die Zeit gebracht,
das nimmt sie wieder hin,
drum haben wir bei Tag und Nacht
auch immer frohen Sinn.

___ *August Heinrich Hoffmann von Fallersleben*

Segenswort

Ein gesegnetes neues Jahr:
und würden alle Wünsche wahr,
wir wären nie zufrieden;
Gott sei Dank hast du in Händen,
was wir niemals können wenden.

Heute

Heute
ist der erste Tag der Zeit,
die uns zum Leben bleibt.
Heute
ist der letzte Tag der Zeit,
die wir gelebt haben.
Lasst uns beides leben,
den neuen Anfang
und das Ende.
Frisch und unbefangen
wie Kinder
am Anfang ihres Lebens –
und so bewusst
wie alte Menschen,
die ihr Ende sehen.
Gottes Liebe wird bei uns sein
in allem, was wir tun.
Er wird uns
zeitlose Freude schenken,
denn seine Güte bleibt
in alle Ewigkeit.

Warum, warum

Warum, warum, die großen Fragen:
gedacht, gesagt, unausgesprochen –
nach Menschen Art gedreht, gewendet,
niemals beendet: warum, warum?

Wozu, wozu, die großen Fragen:
gelebt, geliebt, stets missverstanden –
nach Menschen Art gedreht, gewendet,
niemals beendet: wozu, wozu?

Weshalb, weshalb, die großen Fragen:
verfolgt, gequält, nie ausgelitten –
nach Menschen Art gedreht, gewendet,
niemals beendet: weshalb, weshalb?

Woher, wohin, die großen Fragen:
gesucht, gefunden, glaubend getragen –
in Gottes Hand gehalten, geborgen,
niemals beendet: woher, wohin?

Jeden Aufbruch wagen

Wege
und Umwege

Pilgerstraßen

Pilgerstraßen heute gehen,
heißt der Menschen Nöte sehen
und ihr Schicksal teilen.

Gerechtigkeit wie Sommerregen,
Gott und Vater: Gib uns Segen,
du kannst alles heilen.

Unterwegs mit Fragen

Unterwegs mit Fragen,
jeden Aufbruch wagen
in ein neues Land.
Horizont und Ferne,
himmelwärts die Sterne –
alles ruht in Gottes Hand.

Unterwegs mit Lachen,
einen Anfang machen
für die bessere Welt.
Friedenswort und Segnen,
brüderlich begegnen –
alles ruht in Gottes Hand.

Unterwegs mit Hoffen,
alle Welt steht offen
für ein Aufersteh'n.
Abenteuer Leben,
Zukunft wird es geben –
alles ruht in Gottes Hand.

Dauernd unterwegs

Wir sind dauernd unterwegs,
jeder an der Hand des andern.
Niemand ist allein
und trotzdem sind wir
heimatlos in Raum und Zeit.
Wir bitten Gott,
uns Heimat zu geben,
ein Ziel, das sich zu leben lohnt.

Wir sind verbunden
mit allen Menschen guten Willens.
Mit den Armen und den Reichen,
mit den Gekränkten und Kranken,
selbst mit den Verstorbenen,
an deren lebendige Zukunft wir glauben.

Wir bitten Gott,
unseren Glauben an das Leben
auch über den Tod hinaus zu stärken.
Wir blicken nach vorn,
so ungewiss die Zukunft auch sein mag:
Geh mit uns, guter Gott,
so wie es Jesus Christus versprochen hat.

Pilgern

Herr, wir sind dein Volk auf Erden,
Menschen auf der Wanderschaft,
lass uns Schwestern, Brüder werden,
die du zum Heil gerufen hast.

Immer unterwegs,
nie ein Ziel gefunden,
doch lebenslang gebunden –
ist Gottes Volk auf Erden.

Wie Gemeinde lebt,
immer unvollkommen,
dein Lebenswort vernommen –
hat Gottes Volk auf Erden.

Was der Glaube schenkt,
Hoffnung und Vertrauen,
ein Stück Frieden bauen –
soll Gottes Volk auf Erden.

Herr, wir sind dein Volk auf Erden,
Menschen auf der Wanderschaft,
lass uns Schwestern, Brüder werden,
die du zum Heil gerufen hast.

Zu-Spruch

Der Himmel
hat den Menschen
als Gegengewicht
gegen die vielen
Mühseligkeiten des Lebens
drei Dinge gegeben:
die Hoffnung,
den Schlaf
und das Lachen.

___ *Immanuel Kant*

Hoffnungsruf

Trotz aller Angst
sind wir bei dir geborgen.
Wo immer Leid,
du lässt uns nie allein.
So kommen wir
mit unseren Sorgen,
du wirst uns Halt
und Hoffnung sein.
Herr, geh mit uns
die dunklen Wege,
nimm du uns mit
und bei der Hand.
Sei unser Ziel,
sei uns das gelobte Land.

Labyrinth

Fortschritte: Umwege gehen,
Hindernisläufe machen.
Ziel: nicht mehr weiterwissen,
am Ende sein,
Einbahnstraße, Sackgasse.

Kann ich denn deine Wege gehen?
Zeigen deine Hinweisschilder
eine Richtung?
Klappt dein Leitsystem?
Komme ich wirklich an?

Du Labyrinth,
bist du der Weg?

An-Sicht

Betrachte drei Dinge:
Wisse, woher du kamst
und wohin du gehst
und vor wem du dich
zu verantworten hast.

__ *Aus dem Talmud*

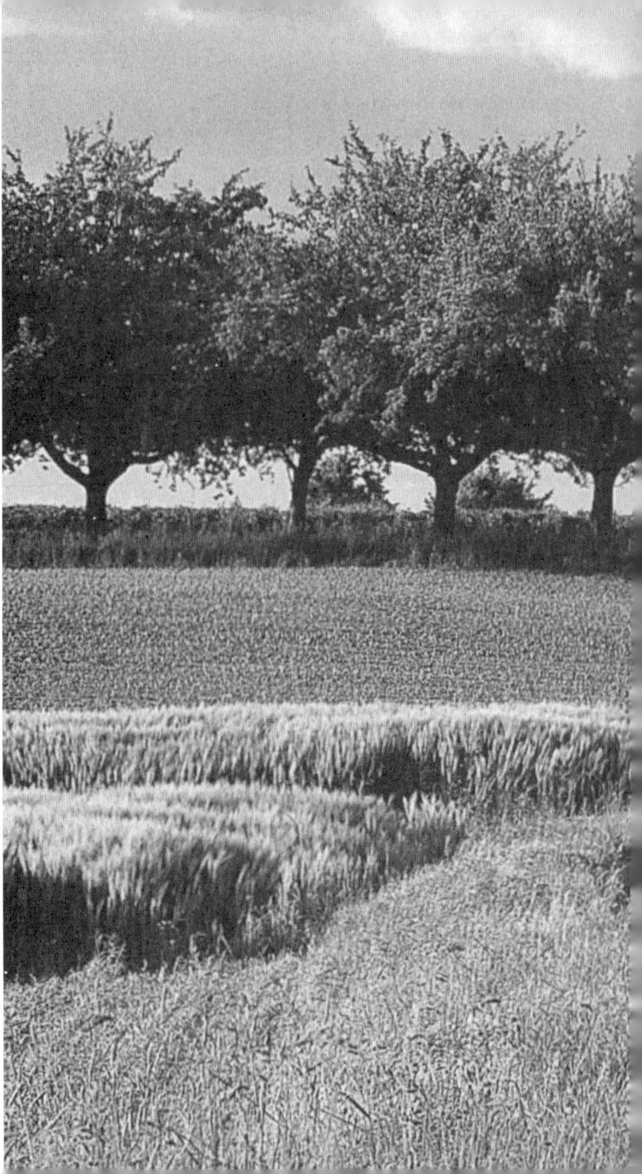

Hört das Gehörte

Geschichte mit Gott

Regenbogenlied

Seht das Zeichen der Zeit,
der Regenbogen bleibt.
Gottes Bund mit der Erde,
sein Versprechen:
Es werde!

Zwischen gestern und morgen,
zwischen Hoffnung und Sorgen,
zwischen Freuden und Plagen,
zwischen Gerechten und Sündern,
zwischen Eltern und Kindern,
zwischen Arbeit und Lohn,
zwischen Zuspruch und Hohn,
zwischen Frieden und Kriegen,
zwischen Verschaukeln und Wiegen,
zwischen Lieben und Hassen,
dass wir Menschen es fassen:

Seht das Zeichen der Zeit,
der Regenbogen bleibt.
Gottes Bund mit der Erde,
sein Versprechen:
Es werde!

Korb der Farben

Herr, lass uns deine Liebe begreifen,
lass uns Verbindung halten
mit unseren Schwestern und Brüdern,
ob schwarz, weiß, rot oder gelb.

Mach aus der Welt
einen Korb der Farben
in deiner mächtigen Hand,
und lass Frieden sein
in diesem Korb.

__ *Aus Afrika*

Das ist die Nachricht

Das ist die Nachricht,
die euch widerfährt:
eine große Freude,
eine neue Welt.

Das ist der Zündstoff,
seine Lunte brennt:

eine große Freude,
eine neue Welt.

Das ist der Aufstand,
den die Liebe lenkt:
eine große Freude,
eine neue Welt.

Das ist der Himmel,
der vom Himmel fällt:
eine große Freude,
eine neue Welt.

Was wir gehört

Erzählt das Erzählte,
die alte Geschichte:
Neues vom Leben.
Hört das Gehörte,
die wunderbaren Worte:
Ich bin der Herr, dein Gott.

Da gibt es Fragen,
da gibt es Versagen,
da gibt es Verzweiflung;

es zählt aber Hoffnung,
Sprung über den Graben,
Versöhnung: Frieden schenken.

Da gibt es Bitten und Klagen,
da gibt es Lob und Dank;
allein dein Wort gilt:
Ich bin bei euch,
und ich bleibe bei euch.

Gebet aus alter Zeit

Allmächtiger Gott,
der du Himmel und Erde geschaffen
und den Menschen viel Gutes gegeben hast,
verleihe uns in deiner Huld
den rechten Glauben,
gewähre uns Weisheit, Klugheit und Kraft,
das Böse zu meiden
und deinen Willen zu vollbringen.
Amen.

___ *Nach dem „Wessobrunner Gebet"*

Krippe und Kreuz

Wenn ein Stall zum Schauplatz wird,
wo Rettung kommt in Sicht.
Seht: Ein Kind die Welt bewegt.
Christus, er ist unser Licht.

Wenn ein Kreuz zum Erstfall wird,
wo das Leben neu beginnt.
Seht: Ein Mensch die Welt bewegt.
Christus, der den Frieden bringt.

Für eine menschliche Erde

Unsere Erde ist nur
ein kleines Gestirn im großen Weltall.
Uns obliegt es,
daraus einen Planeten zu machen,
dessen Geschöpfe
nicht von Kriegen gepeinigt werden,
nicht von Hunger und Furcht gequält,
nicht zerrissen in sinnloser Trennung
nach Rasse, Hautfarbe und Weltanschauung.

Gib uns den Mut und die Voraussicht,
schon heute
mit diesem Werk zu beginnen,
auf dass unsere Kinder
und Kindeskinder
einst mit Stolz
den Namen Mensch tragen.

__ *Gebet der Vereinten Nationen*

Dank sei dir

Dank sei dir, Gott, unser Vater:
für die Welt, die du geschaffen,
für den Tag und für die Nacht.
Alles Leben auf der Erde –
durch dein Wort gemacht.

Dank sei dir, Gott, unser Vater:
für die Erde, die wir bewohnen,
für das Glück und für das Leid.
Alle Menschen auf der Erde –
durch dein Wort befreit.

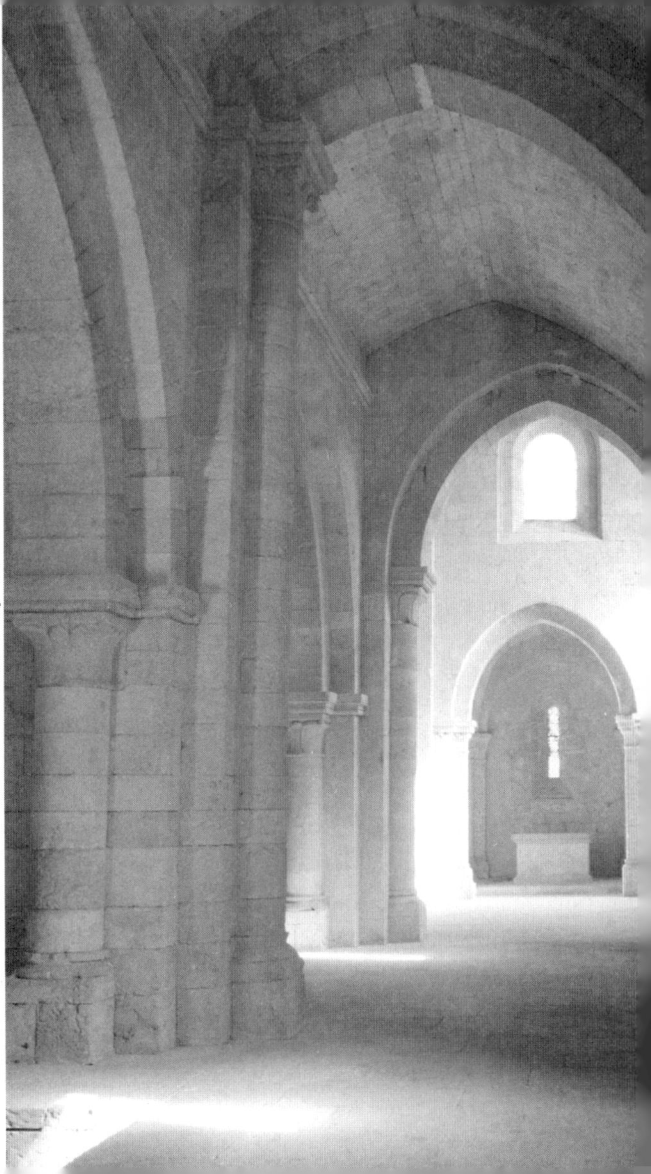

Gehörst du zu meinem Leben?

Gespräch mit Gott

Einfach sprachlos

Sprachlos
wie ich bin
muss ich dich
anschweigen.

Dankbar
wie ich bin
muss ich dir
danksagen.

Alles
was ich bin
ist mein Gebet
zu dir, Gott.

Orientierungsmarken

Meine Welt:
vom „Guten Morgen!"
bis zum „Guten Abend!"
Meine Welt:
vom Neujahrskater
bis zum Heiligabendessen.

Meine Welt:
vom Kaiserschnitt
bis zum Exitus.
Und sonst?
Begegnungen mit Menschen,
die mich hoffen lassen.
Erfahrungen mit dir, Gott,
dem ich vertraue.

Sprechversuche

Wer spricht da?
Hallo. Grüß Gott.
Ja. Nein. Ja. Wie?
Super! Ach so.
Verflixt noch mal.
O Gott!
Tschüs! Bis dann.

Aus der Rolle fallen

Die Neuigkeiten, morgens, sechs Uhr:
Immer noch Krieg, irgendwo.
Keine Einigung im Parlament.

Ein Mörder wird gesucht,
die Kripo bittet um Mitarbeit.
Die Welt ist nicht in Ordnung.
Mein Gott, ich werde heute
aus der Rolle fallen.
Zank und Streit vermeiden,
gute Atmosphäre schaffen.
Ich werde es versuchen. Heute.

Unsicher

Zieh den Fragen-Pflug
durch das Geröll der Antworten.
Sieh die funkelnden Mosaiksteine;
sammel sie und füge sie
geduldig zusammen.
Verbinde verlorene Töne
zu einer kleinen Melodie.
Das alles meint:
Einen Sinn muss es doch geben,
ein starkes Motiv,
einen letzten Grund.

Verhältnisbestimmung

Wie bin ich zu dir?
Gehörst du zu meinem Leben?
Bin ich dir gut,
auch dann, wenn du anders bist?
Halte ich zu dir,
wenn du meine Pläne durchkreuzt?
Bin ich dir Freund?
Bin ich dir Brücke?
Wie bin ich zu dir?

Von Tür zu Tür

Was weiß ich von mir?
Bin unterwegs
von Tür zu Tür.
Vom Augenblick
zur Ewigkeit
ist es nicht weit.
Bin unterwegs
von mir zu dir.
Ich weiß: Du bist hier.

Unterstellen wir mal

Der du die Versager gewollt hast,
der du die Selbstsicheren gewollt hast,
der du die Halsabschneider gewollt hast,
der du die Menschenverachter gewollt hast,
sei menschlich, Gott!

Den Schwachen gehört die Welt

Stehst du am Rande,
im Abseits, im Aus:
Macht's dir was aus?
Dir soll gefallen,
was selten gefällt:
Den Schwachen gehört die Welt.

Das ist die Botschaft
vom Leben, vom Glück:
Kehr um, geh zurück!
Dir wird gefallen,
was selten gefällt:
Den Schwachen gehört die Welt.

Unterscheidung

Gib mir, Gott,
die Gelassenheit,
Dinge hinzunehmen,
die ich nicht ändern kann.

Gib mir den Mut,
Dinge zu ändern,
die ich ändern kann.

Gib mir die Weisheit,
das eine vom andern
zu unterscheiden.

__ *Friedrich Christoph Oetinger*

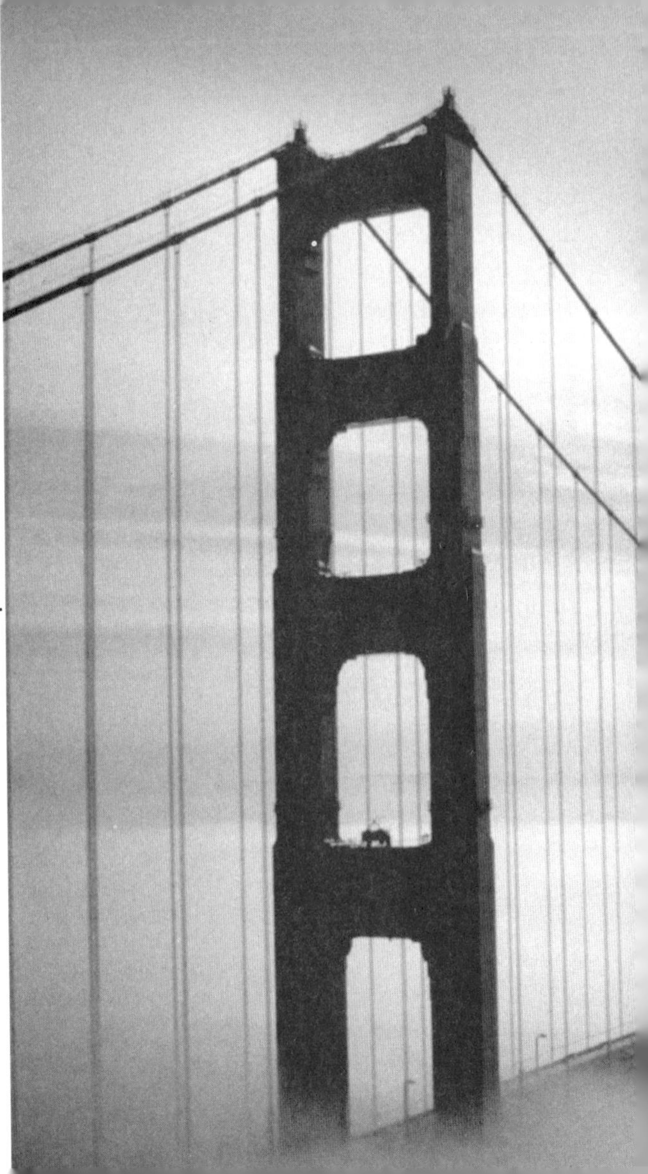

Ich glaube an Gott

Bekenntnis des Glaubens

Credo

Ich glaube an Gott,
den Vater, den Allmächtigen,
den Schöpfer des Himmels und der Erde,
und an Jesus Christus,
seinen eingeborenen Sohn, unsern Herrn,
empfangen durch den Heiligen Geist,
geboren von der Jungfrau Maria,
gelitten unter Pontius Pilatus,
gekreuzigt, gestorben und begraben,
hinabgestiegen in das Reich des Todes,
am dritten Tage auferstanden von den Toten,
aufgefahren in den Himmel;
er sitzt zur Rechten Gottes, des allmächtigen
Vaters;
von dort wird er kommen,
zu richten die Lebendigen und die Toten.
Ich glaube an den Heiligen Geist,
die heilige (christliche) katholische Kirche,
Gemeinschaft der Heiligen,
Vergebung der Sünden,
Auferstehung der Toten
und das ewige Leben.
Amen.

Das kürzeste christliche Glaubensbekenntnis ist das Kreuzzeichen: Im Namen des Vaters und des Sohnes und des Heiligen Geistes. Es ist ebenso wie das „Apostolische Glaubensbekenntnis" Ausdruck des Vertrauens und der lebendigen Beziehung zu Gott, gültige Formulierung der Grundwahrheiten des christlichen Glaubens, Zusammenfassung des Glaubens der Apostel und der Kirche.

Das Bekenntnis zu Jesus Christus als dem menschgewordenen Sohn Gottes wurde vor über 1500 Jahren auf den Konzilien von Nikäa (325) und Konstantinopel (381) formuliert und beschlossen. Es blieb seitdem unverändert und bis heute das gemeinsame Glaubensbekenntnis aller Kirchen.

Glaubensformel

Ich glaube an Gott:
Das All, alles in allem,
das Du aller;
trotz allem, immer noch,
gerade jetzt.
Und an Jesus Christus:

Wort und Tat,
lebendige Botschaft;
überzeugendes Leben,
Sterben und Auferstehen.
Und an den Heiligen Geist:
Brüder und Schwestern,
Gemeinschaft,
grenzenloses Miteinander,
Füreinander.
Ich glaube an das Leben:
Leben in Fülle wird es geben –
im Namen des Vaters
und des Sohnes
und des Heiligen Geistes.
Amen.

Bewegung

Der alles in Bewegung hält:
das Leben, die Menschen, unsere Welt.
Der den langen Atem gibt,
uns befreit, weil er uns liebt:
Gottes Geisteskraft
      Lebensräume schafft.

Der alles in Beziehung setzt:
Anfang und Ende, hier und jetzt.
Der zum Miteinander lenkt,
uns erfüllt, Gemeinschaft schenkt:
Gottes Geisteskraft
        Lebensfreude schafft.

Der alles zur Vollendung bringt:
mit Himmel und Erde die Schöpfung singt.
Der Wege zum Guten weist,
uns beisteht und Zukunft verheißt:
Gottes Geisteskraft
        ewiges Leben schafft.

Das ist unser Glaube

Das ist unser Glaube,
        so bekennen wir:
        Er ist auferstanden,
        Christus ist der Herr!

Das ist die Parole,
        so geht unser Lied:
        Er ist auferstanden,
        der die Menschen liebt.

Das ist unsre Botschaft,
        so verkünden wir:
        Er ist auferstanden,
        Christus ist jetzt hier.

Der Wind bläst in die Segel der Hoffnung

Der Wind bläst in die Segel der Hoffnung,
die Botschaft gilt für alle:
Gott liebt die Welt; er liebt uns.
Jesus Christus – unser Bruder:
Leben blüht, es nimmt kein Ende.

Der Wind bläst in die Segel der Hoffnung,
mit Freude gemeinsam feiern:
Gott liebt die Welt, er liebt uns.
Brot und Worte segnen und teilen:
Leben blüht, es nimmt kein Ende.

Der Wind bläst in die Segel der Hoffnung,
Zukunft neu gestalten:
Gott liebt die Welt, er liebt uns.
Frieden schaffen, Schöpfung bewahren:
Leben blüht, es nimmt kein Ende.

Mehr als man glaubt

Mehr als man glaubt,
ist jetzt Gottes Zeit:
Christus bei uns bleibt
bis in Ewigkeit.

Wir sind auf dem Weg,
fragen nach dem Sinn;
hören auf das Wort,
leben sein Gebot.

Wir gehen Hand in Hand,
gestalten diese Welt;
sehen Leid und Not,
teilen Wein und Brot.

Wir hoffen auf den Herrn,
mehr als man wagen kann;
sein Geist erfüllt das All,
er sieht uns freundlich an.

Mehr als man glaubt,
ist jetzt Gottes Zeit:
Christus bei uns bleibt
bis in Ewigkeit.

Glaubensgrammatik

Ich bin unsicher.
Du zweifelst.
Er hat Vorbehalte.
Sie fragt nach.
Es weiß von nichts.
Wir sind skeptisch.
Ihr misstraut.
Sie suchen noch.

Trotzdem, mit anderen Worten:
Das Abenteuer heißt
Vertrauen.

Überall, wo Menschen leben

Überall, wo Menschen leben,
    wo Worte gehen von Mund zu Mund,
    da vernimmt man die Nachricht:
    Einer macht euch gesund.
Überall, wo Kinder hungern,
    wo Krankheit in den Hütten weilt,
    da vernimmt man die Nachricht:
    Einer kommt und der heilt.

Überall, wo Leid uns droht,
  wo Angst und Schrecken sind,
  da vernimmt man die Nachricht:
  Einer liebt euch wie sein Kind.
Überall, wo Unrecht lauert,
  wo Hass ist und Gewalt,
  da vernimmt man die Nachricht:
  Einer befreit euch – bald.
Überall, wo Kummer quält,
  wo Menschen traurig bleiben,
  da vernimmt man die Nachricht:
  Einer wird euch Freude zeigen.

Glaube

Ich glaube an die Sonne,
auch wenn ich sie nicht sehe;
ich glaube an die Liebe,
auch wenn ich sie nicht spüre;
ich glaube an Gott,
auch wenn ich ihn nicht erfahre.

__ *Aus dem Warschauer Getto*

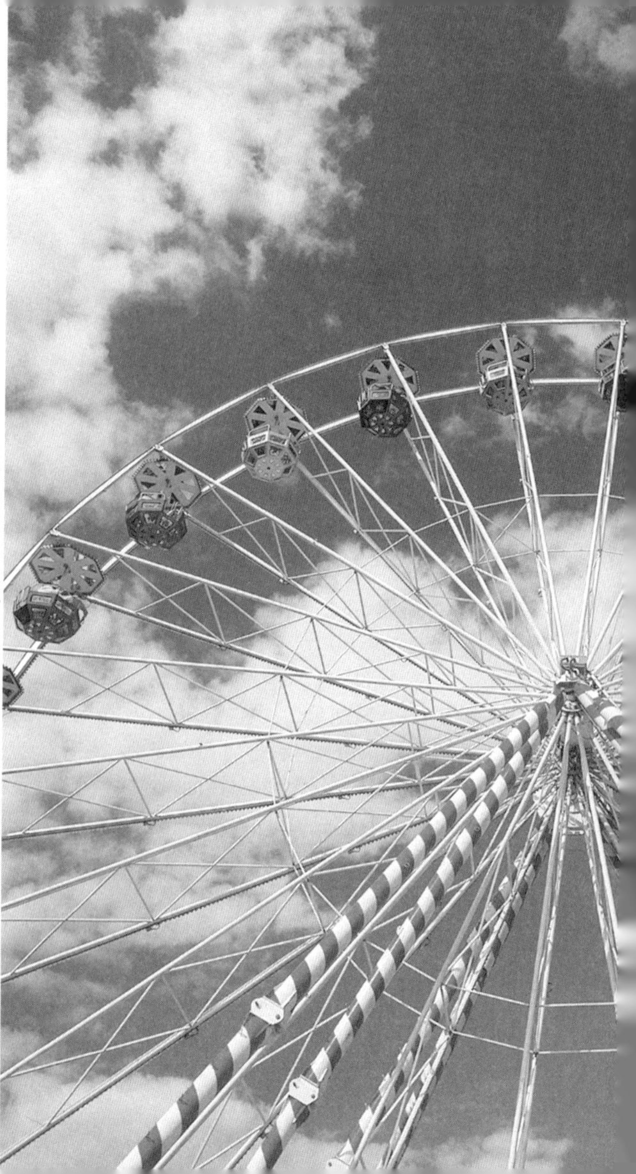

Herr, wir sehen dein Gesicht

Feier des Glaubens

Menschen kommen zusammen

Menschen kommen zusammen,
jeder bringt was ein:
Gedanken, Worte und Gaben;
so wird Gemeinde lebendig,
das kann Gemeinschaft sein.
Menschen gehen auseinander,
jeder nimmt was mit:
Gedanken, Worte und Gaben;
so wird Gemeinde lebendig,
das kann Gemeinschaft sein.

Aufruf

Wenn ihr hier eintretet,
so versöhnt euch:
der Vater mit seinem Sohn,
der Mann mit seiner Frau,
der Gläubige mit dem,
der nicht glauben kann,
der Christ
mit seinem getrennten Bruder.

___ Tafel an der Versöhnungskirche in Taizé

Alles umsonst

Erbarmen, vergeben,
alles umsonst –
Gott kommt uns ganz nah;
erbarmen, vergeben,
alles geschenkt –
niemand bleibt ungeliebt.

Deine Nähe ist so fern

Deine Nähe ist so fern,
deine Güte oft verborgen:
Herr, wir suchen dein Gesicht,
Herr, wir suchen dich.

Deine Stille ist in uns,
deine Worte geben Kraft:
Herr, wir sehen dein Gesicht,
Herr, wir sehen dich.

Deine Gnade ist Geschenk,
deine Liebe unser Leben:
Herr, lass leuchten dein Gesicht,
Herr, wir preisen dich.

Grund unserer Freude

Grund zur Freude gibt's genug,
Lust am Auferstehn!
Was der Herr an uns getan,
fängt tagtäglich an:
Morgengrauen, Mittagssonne
und das Abendrot,
Kinderlachen, Freudentränen
und das täglich Brot.

Dauerregen, Blätterrauschen
und der leise Wind,
alte Leute, gute Freunde
und das kleine Kind.

Blumen blühen, Wolken ziehen,
Stille in der Nacht,
liebe Worte, stumme Gesten
und ein Herz, das lacht.

Geheimnis des Glaubens:
den Brotlosen Brot sein.
Zeichen des Glaubens:
als Brotlose

Brot des Lebens brechen,
in Gemeinschaft
Christus begegnen.

Friedenslied

Frieden üben Tag für Tag,
dann wird es gelingen,
dass wir alle Hand in Hand
neue Lieder singen.
Frieden geht nicht immer auf,
lass die Saat doch langsam grünen,
gib der Pflanze, was sie braucht,
einmal, einmal wird sie blühen.

Herr,
aus Dörfern und Städten
sind wir unterwegs zu dir;
aus den Tälern und Bergen
sind wir unterwegs zu dir;
aus den Hütten und Häusern
sind wir unterwegs zu dir;
aus den Büros und Fabriken
kommen wir als dein Volk.

Mit allen, die an dich glauben,
bilden wir ein großes Volk.
Wenn wir das Brot teilen,
wenn wir die Schwachen stützen,
wenn wir die Verfolgten beschützen
und für sie beten,
sind wir unterwegs zu dir.

___ *Aus Lateinamerika*

Keiner lebt für sich allein,
keiner stirbt für sich allein.
Wir sind alle verantwortlich füreinander.
Wir alle sind verbunden mit Gott
durch seinen Ruf an uns.
In der Hingabe an ihn
und im Dienst für alle Menschen
bringen wir die gute Nachricht
von der Erlösung.
Wir alle sollen gemeinsam singen,
alle Nationen sollen gemeinsam preisen,
denn wir alle sind und heißen
Kinder des Herrn.

___ *Lied von den Philippinen*

Herr, die Gemeinde
lebt aus deinem Worte,
aus deinem Geiste,
der an jedem Orte
kommt immer wieder
über uns hernieder.
Dank sei dir, Vater.

Herr, in der Taufe
sind wir neu geboren,
in der Gemeinschaft
sind wir nicht verloren.
Ein neues Leben
hast du uns gegeben
in Jesus Christus.

An einem Tische
kommen sie zusammen,
die aus vielen
Völkern stammen.
Herr, lass auf Erden
aus den Vielen werden
eine Gemeinde.

___ *Konrad Sandmeyer*

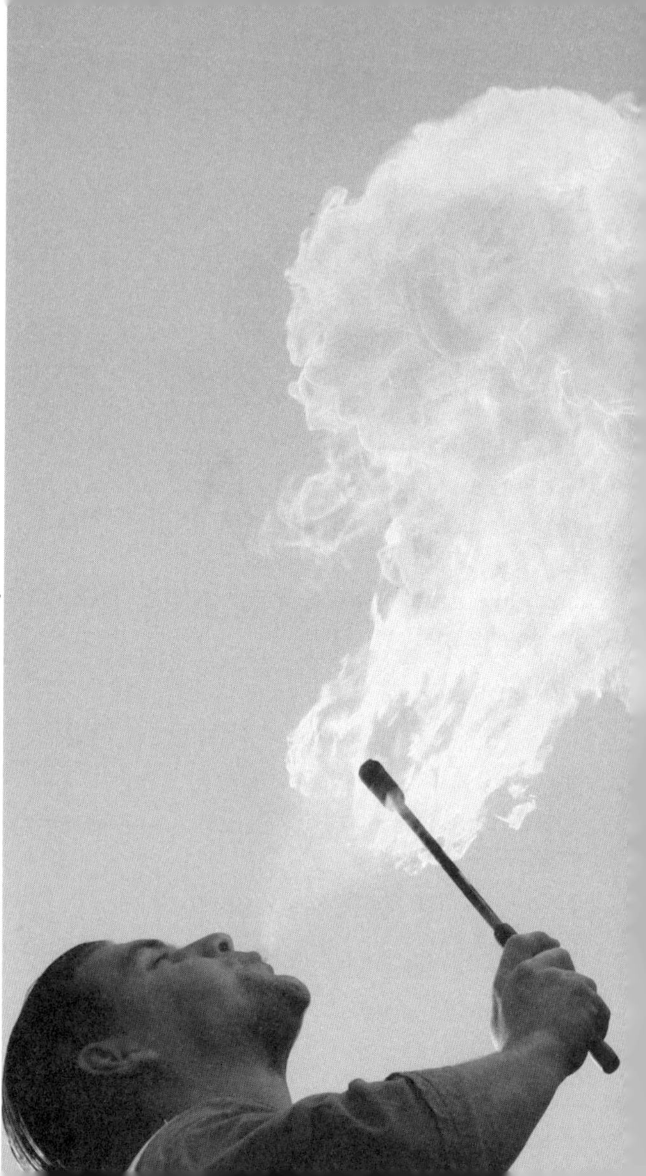

Herr, was soll ich tun?

Leben aus dem Glauben

Soll ich reden, soll ich kämpfen

Soll ich reden, soll ich kämpfen,
Herr, was soll ich tun?
Lieber will ich schweigen,
will am Rande bleiben,
mehr im Dunkeln stehn.

Soll ich reden, soll ich kämpfen,
Herr, was soll ich tun?
Lieber will ich denken,
andern Glauben schenken,
in die Augen sehn.

Soll ich reden, soll ich kämpfen,
Herr, was soll ich tun?
Lieber will ich wagen,
nach dem Sinn zu fragen,
Leben neu verstehn.

Soll ich reden, soll ich kämpfen,
Herr, was soll ich tun?
Lieber will ich hoffen,
suchend und betroffen
meine Wege gehn.

Soll ich reden, soll ich kämpfen,
Herr, was soll ich tun?
Lieber will ich singen,
will für das Gelingen
in die Zukunft sehn.

Fragen

Fragen
sind schöner
als Antworten:

Wo war der Anfang,
wann kommt das Ende?
Wer lacht mich an,
reicht mir die Hände?
Was ist das Leben,
warum der Tod?

Fragen
sind schöner
als Antworten:
Warum?

Fünf Vorsätze für jeden Tag

Ich will
bei der Wahrheit bleiben.
Ich will
mich keiner Ungerechtigkeit beugen.
Ich will
frei sein von Furcht.
Ich will
keine Gewalt anwenden.
Ich will
in jedem zuerst das Gute sehen.

—— __ *Mahatma Gandhi*

Aufzug

Hinein in die Box
aus poliertem Edelstahl
und Spiegelglas.
Menschen auf dem Weg
nach oben oder unten,
schweigend blicken sie
ins Nichts.
Woher? Wohin?

Alte Fragen, für die
ein paar Sekunden Zeit bleiben.
Und wie von Geisterhand
öffnen sich Türen.

Jeanswelten

Lebensgefühl
aus Baumwollstoff.
Zeitgeist-Mode.
Verlorenes suchen
und finden.
Glücksmomente:
trendy, chic, in.

Ruhe-Zone

Nach der Stand-Pauke
Rettung in die
Ruhe-Zone.
Da war nichts,
das war alles.
Kein Wort-Wechsel,
kein Schweigen: nichts.

Ins Nacht-Holz
wurden Licht-Nägel geschlagen.
Ich schenke mir Blumen.
Nur so.
Jetzt geht's mir gut.

In Verlegenheit kommen

Wenn Christen
von Jesus reden,
werden sie verlegen.
Es ist lange her,
sagen sie,
und es steht was
in der Bibel:
Der Tod am Kreuz
und die Sache
mit der Auferstehung –
das ist alles
nicht so einfach!
Wenn Christen
von Jesus reden,
wird es manchmal
kompliziert.
Was soll man da sagen?

Restmenge

Und immer bleibt ein Rest
von Traurigkeit,
wenn einer geht,
der bleiben könnte;
wenn einer schweigt,
der reden könnte;
wenn einer weint,
der lachen könnte;
wenn einer schlägt,
der streicheln könnte.

Andere Sichtweise

Christus hat keine Hände, nur unsere Hände,
um seine Arbeit heute zu tun.
Er hat keine Füße, nur unsere Füße,
um Menschen auf seinen Weg zu führen.
Christus hat keine Lippen, nur unsere Lippen,
um Menschen von ihm zu erzählen.
Er hat keine Hilfe, nur unsere Hilfe,
um Menschen an seine Seite zu bringen.

_ *Aus dem 14. Jahrhundert*

Nachdenken

Eine Hand voll Glück,
leben Stück für Stück;
manche lachen,
andre klagen
und dazwischen
tausend Fragen,
es gibt kein Zurück.
Eine Hand voll Glück –
was gibst du zurück?

Fremdwort Freude

Streckenweise Langeweile:
aufwachen,
aufstehen,
frühstücken.
Unterricht,
Pause,
Unterricht,
Schulschluss.
Mittagessen.
Hausaufgaben,
Radio,

CDs hören,
Hausaufgaben.
Abendessen.
Hinlegen.
Einschlafen.

Warten auf das Warten

Niemand ruft mich.
Keiner sucht nach mir.
Kein Wort weit und breit.
Das stille Nichts.
Hörst du mich?

Gute Frage

Gestern auf der Straße.
Alles live.
Stau. Fußgänger,
die auf Grün warten.
Ein Kind weint,
zerrt an der Hand seiner Mutter.
Die Ampel zeigt Rot. Immer noch.
„Wohin denn so eilig?" –

Jemand sucht ein Gespräch,
mitten mit Feierabendverkehr,
kurz vor Geschäftsschluss.
Ätzend.
Keine Antwort
ist auch eine Antwort.
Wohin denn so eilig?
Gute Frage eigentlich.

Zuversicht

Hinter dem Wolkengebirge
den blauen Himmel
vermuten,
unter dem Regendach
fest an Sonnenstrahlen
glauben.
Der Regenbogen
macht eine runde Sache
daraus.

Warum?

Mauern, Gräben, Stacheldraht,
Vorurteile, Ablehnung, Streit.
Pistolen, Bomben, Raketen,
Zerstörung, Vernichtung, Tod.
Warum?

Weniger aber ist mehr

Bereit sein,
nicht fertig machen,
Raum geben,
nicht Platz nehmen,
blühen lassen,
nicht abernten,
vertrauen dürfen,
nicht wissen wollen,
umkehren,
nicht stehen bleiben.
Vorsichtig und hartnäckig
auf den Sinn
des Ganzen setzen,
Ziele zum Glücklichsein
im Auge behalten.

Das schillernde Mosaik
der Alltagskristalle:
Erfahrungen und Entscheidungen,
Versagen und Vergeben,
Enttäuschungen und Ermunterung.
Vom zögernden Vielleicht
über das mutige Trotzdem
zum uneingeschränkten Ja.
Zwischen allen Stühlen sitzen,
aber in der Hand Gottes bleiben.

Lebenslanges Lernen

Von den Kindern
können wir lernen,
es immer neu zu versuchen,
bis es klappt,
nicht aufgeben,
bis es gelingt.

Von den Kindern
können wir lernen,
was im Leben wichtig ist.

Und ein neues Leben

Und ein neues Leben,
eins mit Brot und Wein.
Und der große Friede
mit Gesang und Tanz.
Lasset uns anbeten:
Halleluja, halleluja!

Nachgefragt

Sag mir deine Pläne,
der du im Himmel-Nichts
ganz unbekannt und losgelöst
dein Wort-Werk tust.
Sag mir,
was du vorhast.
Glaubst du auch
an den unstillbaren Hunger
nach Zuwendung?
Teilst du mit mir
den wahnsinnigen Durst
nach Freudentränen?

Aufstand der Hoffnung

Zu wissen,
es geht weiter.
Zu sagen,
man braucht mich.
Zu ahnen,
das Leben blüht.
Zu glauben,
die Liebe bleibt.
Das Ja sagen.
Trotzdem.

Herr,
bei dir weiß ich mich
gut aufgehoben.
Überall kann ich dich
suchen und finden.
Immer gehst du
dicht an meiner Seite.
Für deine Nähe
danke ich dir.

Schutz

Herr, sei mir Hirte,
dann fehlt mir nichts.
Gib Acht auf mich
an diesem Tag
und allen Tagen
meines Lebens.
Beschütze mich,
lass mich zufrieden sein
und bleiben.
Gib mir ein Zuhause
bei dir, jetzt und immer.

__ *Nach Psalm 23*

Du bist
für Überraschungen gut,
Gott der Andersdenker.
Ich sage „hier",
du schweigst „da",
ich meine „nirgendwo",
du fragst „überall",
ich suche „nichts",
du findest „alles".

Franz

Er sprach mit den Vögeln,
man weiß nicht wie.
Er spielte seine Melodie,
einfach so.
Er sang und lachte.
So befreiend
kann Armut sein.

Herr, mach mich zu einem Werkzeug
deines Friedens,
dass ich liebe, wo man hasst;
dass ich verzeihe, wo man beleidigt;
dass ich verbinde, wo Streit ist;
dass ich Wahrheit sage, wo Irrtum ist;
dass ich Glauben bringe, wo Zweifel droht;
dass ich Hoffnung wecke, wo Verzweiflung quält;
dass ich Licht entzünde, wo Finsternis regiert;
dass ich Freude bringe, wo der Kummer wohnt.
Herr, lass mich trachten,
nicht, dass ich getröstet werde,
sondern dass ich tröste;
nicht, dass ich verstanden werde,
sondern dass ich verstehe;

nicht, dass ich geliebt werde,
sondern dass ich liebe.

___ *Franz von Assisi*

Schenke mir
eine gute Verdauung, Herr,
und auch etwas zum Verdauen.
Schenke mir Gesundheit des Leibes
mit dem nötigen Sinn dafür,
ihn möglichst gut zu erhalten.
Herr, schenke mir Sinn für Humor.
Gib mir die Gnade,
einen Scherz zu verstehen,
damit ich ein wenig Glück
kenne im Leben
und anderen davon mitteile.

___ *Thomas Morus*

Als du auf die Welt kamst,
weintest du,
und alle um dich herum
lachten und waren heiter.

Lebe so, dass,
wenn du die Welt verlässt,
alle weinen
und du allein heiter lächelst.

___ *Östliche Weisheit*

Im Himmel lebst du,
die Berge trägst du auf deinen Armen,
diese Erde ruht in deinen Händen.
Überall und immer wirst du erwartet,
wirst angerufen, angebetet,
sucht man deine Ehre, deinen Ruhm.

___ *Gebet eines Azteken*

Großer Geist,
bewahre mich davor,
über einen Menschen zu urteilen,
ehe ich nicht eine Meile
in seinen Mokassins gegangen bin.

___ *Gebet der Sioux-Indianer*

Dann ist es ja gut

Einander verstehen
    und Widerspruch wagen,
    die eigenen Schwächen
    mit anderen tragen:
        Dann ist es ja gut.

Einander verzeihen
    und darunter leiden,
    die Schuld begreifen
    und nicht verdrängen:
        Dann ist es ja gut.

Einander beschenken,
    den Anfang wagen,
    Vergebung erfahren
    und sich vertragen:
        Dann ist es ja gut.

Denk-Pause

Welche Stunde
ist die wichtigste
in deinem Leben?
Die jetzige!

Welche Tat
ist die wichtigste
in deinem Leben?
Die, mit der du gerade
beschäftigt bist!

Wer ist der wichtigste Mensch
in deinem Leben?
Der, mit dem du gerade
befasst bist!

___ *Meister Eckhart*

Der Herr segne dich;
er fülle deine Füße mit Tanz,
dein Haus mit Freude,
deine Arme mit Kraft,
deine Hände mit Zärtlichkeit,
deine Augen mit Lachen,
deine Ohren mit Musik,
deinen Mund mit Jubel.
So segne dich der Herr!

__ *Irisches Segensgebet*

Wer den Himmel
nicht in sich selber trägt,
sucht ihn vergeblich
im Weltall.

__ *Ungarisches Sprichwort*

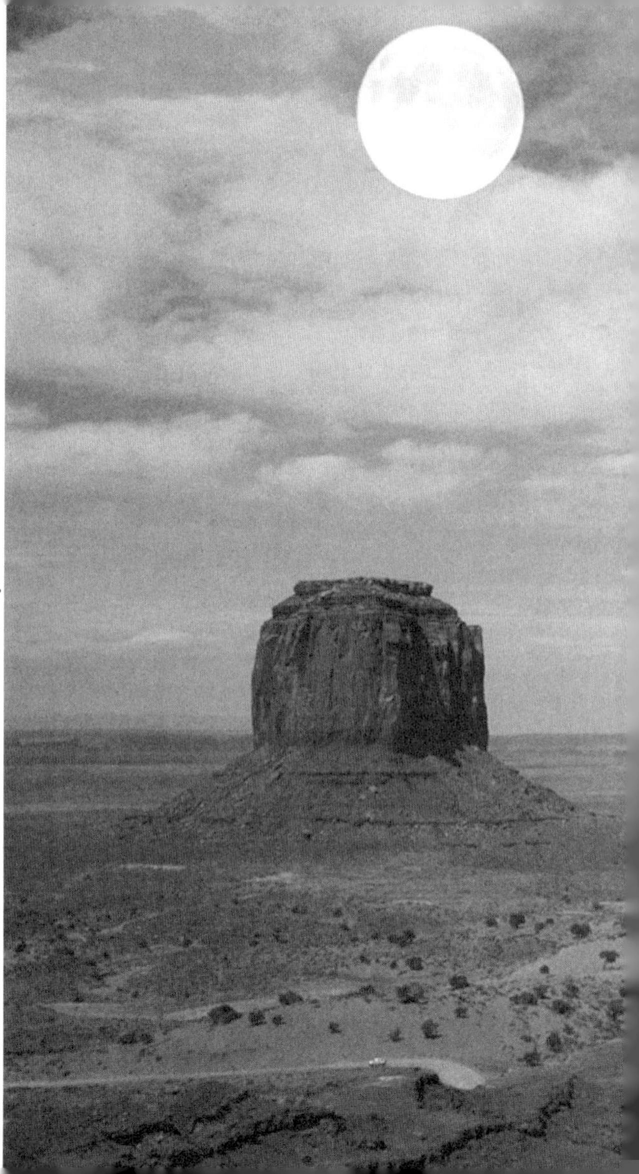

Ich höre und schweige

Kraft der Stille

Vorschlag zur Ruhe

Still sein.
Raum schaffen.
Zu sich kommen.
Frei werden.
Aufatmen können.
Ruhe schmecken.
Inwendig sein.
In die Tiefe
des Ich lauschen.
Den Boden
des Schweigens umpflügen,
dass ein Wort hineinfallen möge,
dass Wirklichkeit werde
das Wort Gottes.

Den Alltagslärm unterbrechen,
hinter sich lassen
und in die Stille horchen:
neu den Atem
des Lebens wahrnehmen
und die Ahnung von Ewigkeit.

Ganz außer Atem

Hinter wem laufe ich her?
Und warum?
Bin ich im Leerlauf oder nicht?
Stress und Frust
und wie die Tarnwörter heißen:
Lass ein Wunder geschehen, Herr!
Das Wunder der Stille.

Bei dir, Herr,
kommt meine Seele zur Ruhe.
Du bist mir Hilfe und gibst mir Kraft.
Ich höre und schweige,
endlich.

Wenn alles getan ist,
habe ich Zeit,
finde ich Ruhe,
gehöre ich mir.
Das ist
der Augenblick
deiner Nähe,
Herr.

Wenn sich doch alles
zum Guten wenden könnte,
zu Hause und in der Welt,
zwischen den Menschen
und in mir selbst.
Das ist
der Augenblick
deiner Nähe,
Herr.
Lass ihn zur Ewigkeit werden.

Zeig der Sonne dein Gesicht

Zeig der Sonne dein Gesicht,
lass den Himmel leuchten,
tanz im hellen Tageslicht,
Freude, große Freude.

Herr, dein Name sagt so viel,
du bist in aller Munde,
überall erklingt dein Lob.

Herr, du hast die Welt gemacht,
du liebst alle Menschen,
überall erklingt dein Lob.

Herr, du legst in unsre Hand
gestern, heut' und morgen,
überall erklingt dein Lob.

Zeig der Sonne dein Gesicht,
lass den Himmel leuchten,
tanz im hellen Tageslicht,
Freude, große Freude.

__ *Nach Motiven aus Psalm 8*

Friedenslied

Eine Woge voll Vertrauen
wünsch ich dir und wünsch ich mir.
Komm, lass uns den Frieden bauen
überall und jetzt und hier.

Nachworte

Beten?
„Ach! Wenn ich's nur könnte!",
klagst du und stöhnst –
du hast es eben getan.

___ *Fridolin Stier*

Du bist mein Atem,
wenn ich zu dir bete.

___ *Huub Oosterhuis*

Wenn
der Mensch betet,
so atmet Gott
in ihm auf.

___ *Friedrich Hebbel*

Namenregister

Sachregister

Sachregister

Quellenverzeichnis

Texte

S. 35: aus: Dietrich Bonhoeffer, Widerstand und Ergebung, © by Gütersloher Verlagshaus, Gütersloh, in der Verlagsgruppe Random House GmbH, München.

Hinweis: Alle nicht namentlich gekennzeichneten Texte im Buch stammen von Werner Schaube.

Bilder

S. 8/9, 32/33, 74/75 und 114/115: BrandXPictures
S. 16/17, 66/67 und 84/85: MEV
S. 24/25: panthermedia.net/tempic
S. 40/41: Willi Rolfes, Vechta
S. 50/51 und 92/93: Werner Schaube
S. 58/59: Willi Rauch, Michelstadt